Chile, Geografía Extrema

Fotografías y textos
Augusto Domínguez

Chile, Geografía Extrema
Chile, Extreme Geography

Texto y fotografías ◆ *Text and photographs*
Augusto Domínguez

Diseño ◆ *Design*
Augusto Domínguez

Traducción ◆ *Translation*
Kerry Dudman

Impresión ◆ *Printing*
Impresora Optima S.A.

Pre-Impresión ◆ *Pre-Press*
Fotomecánica Record Ltda.

ISBN 956-291-469-0
Inscripción ◆ *Registration*
Nº 131.422
Primera Edición 2003 ◆ *First Edition 2003*
Segunda Edición 2006 ◆ *Second Edition 2006*
Impreso en Chile ◆ *Printed in Chile*
www.diapostock.cl

a mi hija, Colomba.

INTRODUCCION

Las más de 140 imágenes de este libro se acompañan con relatos personales y observaciones reunidas en más de 15 años de trabajo, recorriendo preciosos lugares que van desde el altiplano, con su fauna variada y abundante, el desierto del norte, la zona central con su cordillera alta y amurallada, playas, ríos y lagos, dando paso a la impenetrable selva austral. Más al sur, he visto la acción de los hielos marcar el paisaje con fiordos y canales, hasta llegar al archipiélago de Tierra del Fuego, laberinto de islas y montañas.

Siempre me he sentido atraído por la naturaleza pero todavía es un misterio para mi el cómo pasé de mis estudios de publicidad a la fotografía de paisajes naturales, oficio en el que soy autodidacta. Mi exploración a través de la fotografía me sensibilizó con lo que observaba y despertó mi capacidad de asombro con los más ínfimos detalles.

Gozo profundamente de ese contacto directo con la Tierra, ya sea acampando a gran altura en el altiplano nortino, o navegando por los canales fueguinos en un kayak.

He pasado buena parte de los últimos años recorriendo Chile, en viajes cada vez más específicos, no sólo esperando sino buscando capturar esos instantes precisos en los que la naturaleza se nos regala en todo su esplendor.

En este libro, intento mostrar la gran belleza de nuestro paisaje natural, transformándola en una invitación a conocer en terreno este país de Geografía Extrema, al que admiro desde que era niño.

Los invito también a cuidar y proteger nuestro patrimonio natural sobre todo hoy en día, que el mundo esta enfrentando graves problemas ambientales, y se degradan y destruyen a un ritmo vertiginoso los frágiles ecosistemas naturales.

INTRODUCTION

This book and its over 140 images include personal accounts and observations gathered in over 15 years of work traversing spectacular areas from the Altiplano and its abundant varied fauna, the northern desert, the central zone with its high mountain walls, beaches, rivers, and lakes, to the impenetrable southern forest. Farther south, I have witnessed how ice activity carves the landscape with fiords and channels all the way to the Tierra del Fuego archipelago and its labyrinth of islands and mountains.

I have always felt drawn to nature, but how I moved on from my studies in publicity and marketing to become a self-taught photographer of natural landscapes remains a mystery even to me. My exploration through photography has made me sensitive to my surroundings and has awoken my ability to marvel at the most miniscule detail.

I take deep pleasure in this direct contact with the Earth, whether I am camping in high mountains up in the northern Altiplano or kayaking along the Tierra de Fuego canals.

I have spent a large part of the last few years traveling through Chile on increasingly more specific trips in active search of those precious moments that nature bestows upon us in all her splendor.

In this book, I hope to show the impressive beauty of our natural landscape and turn it into an invitation to discover this country of extreme geography that I have admired from an early age.

I also invite you to care for and protect our natural heritage, especially today, as the world faces serious environmental problems and natural fragile ecosystems are being degraded and destroyed at a dizzying pace.

Augusto Domínguez
Fotógrafo / Photographer

Chile, Geografía Extrema

Debido a la extraordinaria longitud de Chile, que va desde el paralelo 18° latitud S. Hasta el mismo polo sur, se presenta una enorme variedad de climas a lo largo de toda su extensión: desde el árido desierto del norte hasta el congelado continente Antártico.

Otro factor importante para determinar la diversidad climática de Chile lo cumple la presencia de las cordilleras, principalmente la cordillera de Los Andes, que provoca aumento de las precipitaciones cada vez que el relieve obliga a las masas de aire a subir impulsadas por los vientos.

También la presencia continua del mar a lo largo de todo el angosto país (el ancho máximo de Chile sólo es de 330 km.), representa un elemento modificador del clima. Sin embargo, su efecto no se hace sentir mayormente hacia el interior, principalmente debido a los relieves montañosos de la cordillera de la Costa que se desarrolla paralela al litoral.

Debido a éstos y varios otros factores, se originan en Chile continental tres grandes dominios climáticos: el árido, el de transición y el húmedo. El primero corresponde al desierto nortino, y se deja sentir entre la faja costera y el sector andino y desde la Línea de la concordia hasta los 30° lat. S., clima caracterizado por una aridez extrema que

se mitiga solamente en su parte más sureña. Los rasgos dominantes son la falta de vegetación, la claridad extraordinaria de los cielos y la intensa radiación solar. En muy raras ocasiones caen algunas precipitaciones, generalmente de efectos muy erosivos.

Chile, Extreme Geography

The extraordinary length of Chile, extending from latitude 18° south right into the South Pole, boasts an enormous variety of climates throughout its expanse, from the arid desert in the north to the frozen Antarctic continent. Another important factor in Chile's climatic diversity is the presence of mountains, primarily the Los Andes mountain range, provoking an increase in precipitation whenever topographic relief forces air mass to rise, spurred on by winds.

The continual presence of the sea along the entire length of this narrow country (Chile's maximum width is only 330 km) also represents a modifying element in the climate. However, its effect is generally not felt inland due to the influence of the Coastal mountains running parallel to the coastline.

Due to these and various other factors, three major climatic zones emerge in continental Chile: arid, transitional, and humid zones. The first includes the northern desert between the coastal strip and the Andean sector and from the border line with Peru or "Linea de la

Concordia" to latitude 30 south, with a climate characterized by extreme aridity that only begins to change in its southernmost extreme. Dominant features are lack of vegetation, extraordinarily clear skies, and intense solar radiation. Rain falls on very rare occasions and is generally very erosive. The Atacama Desert is one of the driest ecosystems on the planet, where total aridity prevents any plant growth along a major stretch of this area.

El desierto de Atacama es uno de los ecosistemas más secos del planeta, donde la aridez total no permite el crecimiento de planta alguna en gran parte de su extensión.

La zona Mediterránea se encuentra en la región central del país -entre los Molles y el río Maule- y se caracteriza por presentar veranos cálidos y secos e inviernos fríos y lluviosos, con un promedio anual de lluvias medido durante el último siglo de unos 500 milímetros.

Al sur del territorio el clima es templado-húmedo. Muy húmedo. Uno de los lugares más lluviosos de la Tierra. Esto permite el crecimiento de una flora abigarrada y densa donde predominaban naturalmente las selvas de árboles muy antiguos. La pluviosidad puede alcanzar allí cifras sobre los 5.000 milímetros anuales, con cielos cubiertos durante la mayor parte del año.

Este simple esquema de tres regiones climáticas para Chile: una árida todo el año; una que alterna estaciones secas con húmedas; y una tercera que no tiene estación seca alguna, se complica cuando se observa más en detalle, ya que en cada una de estas grandes regiones climáticas se configuran otras zonas geográficas específicas, de rasgos singulares: oasis en el desierto; variantes costeras, interior y andina en la región mediterránea y grandes diferencias en los niveles de precipitaciones y temperaturas en la zona húmeda.

Sin embargo, escapan completamente de esta gruesa generalización dos subregiones climáticas: el Altiplano del norte, donde suele llover durante el verano entre 100 y 300 milímetros ("invierno boliviano") y el sector transcordillerano del extremo sur, donde se configura una estepa fría con precipitaciones bajo los 500 mm.; la pampa magallánica.

The Mediterranean zone is the central region of the country – from Los Molles to the Maule River – marked by warm summers and cold rainy winters, with average yearly rainfall of 300 millimeters over the last century.

South of this area, the climate is temperate-humid. Very humid - one of the wettest, rainiest areas on Earth. This produces dense and haphazardly colorful flora where old-growth forests have naturally predominated. Rainfall can reach over 5,000 millimeters yearly, with cloudy skies during most of the year.

This simple portrait of three climatic regions in Chile - one with year-round aridity, one that alternates between dry and wet seasons, and a third that has no dry season whatsoever – is more complex when observed in greater detail. Each major climatic region contains other specific geographic zones with unique features: desert oases, coastal, inner, and Andean variants in the Mediterranean region, and major differences in precipitation and temperature levels in the humid zone.

However, there are two climatic sub-regions that completely escape this broad generalization: the northern Altiplano, where it rains between 100 and 300 millimeters in the summer ("Bolivian winter") and the "transcordillera" or mountain sector in the extreme south with its cold steppes and precipitation below 500 mm, known as the Magellanic pampa.

Chile es un país privilegiado por la naturaleza y debido a su longitud, presenta una estructura geográfica donde tienen cabida todos los climas, con excepción del tropical. La historia quiso que, actualmente, tres estados se encuentren compartiendo un mismo nicho ecológico en el extremo norte: El Altiplano andino, una meseta casi plana en la cumbre de Los Andes. ◆ *Chile is a country privileged by nature. Because of its longitude, it has a geographic structure that encompasses all climates except tropical. The course of history has led three countries, Peru, Bolivia and Chile, to share the same ecological niche in the far north, the Andean High Plateau, an almost entirely flat plateau at the peak of the Andes.*

Salar de Surire   ◆ *Surire Salt Flat*

Parque Nacional Lauca ◆ *Lauca National Park*

Los Andes chilenos presentan en su largo marcadas y contrastantes características que le dan una diversidad asombrosa y cautivante. El Altiplano, la parte más extrema de Los Andes, es un desierto alto y seco, pobre en oxígeno, que está a más de 3.900 metros de altura. ◆ *Throughout the length of the Chilean Andes, these reveal pronounced and contrasting features that provide an amazing and captivating diversity. The High Plateau, an extreme part of the Andes, is a dry, oxygen-poor desert at an altitude over 3,900 meters.*

Nevados de Payachata ◆ *Nevados de Payachata*

En el norte de Chile se registra la mayor concentración de altas cimas y enormes volcanes de siluetas invariablemente cónicas, que se levantan a más de seis mil metros en el Altiplano desértico. ◆ *Northern Chile boasts the highest concentration of tall peaks and massive volcanoes with invariably conical silhouettes rising up over six thousand meters in the desert high plateau.*

El salar de Surire, ubicado a 4.245 metros de altura, es un verdadero santuario para la gran cantidad de aves que habitan sus lagunas. Es por esto que parte del salar fue declarado Monumento Natural, con el fin de proteger su valiosa fauna. ◆ *The Surire Salt Flat, located at 4,245 meters in altitude, is a true sanctuary for a large number of birds that inhabit its lagoons. To protect its valuable fauna, a section of this salt flat was declared a National Monument.*

Tagua gigante ◆ *Giant Coot*

Playero de Baird ◆ *Baird's Sandpiper*

Gaviota andina ◆ *Andean Gull*

Piuquén ◆ *Andean Goose*

Los principales problemas para los animales a esta extrema altitud, son el frío y la falta de oxígeno. Adaptación es la clave del éxito que separa la vida de la muerte. Los escasos arroyos provenientes del deshielo de los picos circundantes dan lugar a bofedales, donde se concentra gran parte de la fauna local. ◆ *The main problems animals face at these extreme altitudes are the cold and the lack of oxygen. Adaptation is the key to success that separates life and death. The scant streams resulting from snowmelt on the surrounding peaks give rise to bofedales, or fertile lands where most of the local fauna concentrates.*

Salar de Tara ◆ *Tara Salt Flat*

Cactus Candelabro ◆ *Candelabro Cactus*

Guacoya ◆ *Guacoya*

Chastudo ◆ *Chastudo*

Cactus Copiapoa ◆ *Copiapoa Cactus*

En la pampa, la vegetación se desarrolla sólo en el fondo de ciertas quebradas, a excepción del cactus Candelabro *(Browningia candelaris)* que crece entre los 1.700 m. y los 3.000 m. sobre el nivel del mar. ◆ *In the pampa, vegetation only appears in certain ravine beds, with the exception of the cactus Candelabro (Browningia candelaris), which grows between 1,700 m and 3,000 m above sea level.*

Llareta ◆ *Llareta*

En el altiplano, las lluvias de verano permiten el desarrollo de especies vegetales resistentes al frío cordillerano, tales como el coirón y la llareta. Esta última, de muy lento crecimiento (un milímetro al año), fue casi exterminada por su alto poder calórico y hoy, es una especie protegida. ◆ *Summer rains in the high plateau allow the formation of plant species resistant to the cordilleran cold, notably coirón and llareta. Llareta grows at a very slow rate (one millimeter per year), and was almost wiped out by its high caloric power. Today it is a protected species.*

Valle de la Muerte ◆ *Valley of the Death*

La tremenda aridez del desierto de Atacama es sobrecogedora. Su tierra, que a primera vista parece un páramo inútil, está repleta de secretos minerales. Es una inmensa extensión donde la vegetación y la vida son un milagro casi imposible. ◆ *The overwhelming aridity of the Atacama Desert is startling. At first sight, it appears to be a useless wasteland, but it is stocked with secret minerals. It is a vast expanse where vegetation and forms of life are a miracle considered almost impossible.*

Valle de la Luna ◆ *Valley of the Moon*

Al igual que el valle de la Muerte, el valle de la Luna es una depresión de suelo salino de singular belleza. Sus curiosas crestas filosas semejan un paisaje lunar. Está muy próximo a San Pedro de Atacama y es muy visitado durante todo el año. ◆ *As with Valley of the Death, Valley of the Moon is a saline land depression of exceptional beauty with curious sharp peaks that resemble the landscape of the moon. It is very near San Pedro de Atacama and is visited frequently throughout the year.*

Farellones de Tara ◆ *Cliffs of Tara*

Los farellones de Tara, se encuentran en un sector bastante desconocido de la Reserva Nacional Los Flamencos. Su acceso, camino al paso Jama, requiere de un vehículo con tracción 4x4 que permita atravesar sinuosas dunas, para acceder al solitario salar y sus maravillosas formaciones rocosas. ◆ *The Tara cliffs are in a somewhat unknown sector of the Los Flamencos National Reserve. Its access en route to Jama Pass requires 4x4 traction to traverse the wavy dunes and reach the solitary salt flat and its amazing rock formations.*

Tagua cornuda ◆ *Horned Coot*

Vicuña ◆ *Vicuña*

Cometocino del norte ◆ *Black-hooded Sierra-Finch*

Pato jergón grande ◆ *Yellow-billed Pintail*

La presencia de lagos de altura así como pequeñas lagunas que afloran en los bofedales, permiten que la fauna del altiplano sea variada y abundante. Entre otros se observan llamas, alpacas, guanacos, vicuñas, vizcachas, chinchillas y algunas aves sorprendentes como la tagua cornuda, el pato jergón y los abundantes flamencos. ◆ *The presence of lakes at high elevations and small lagoons emerging among the bofedales set the stage for diverse and abundant high plateau fauna. Among others, the area houses llamas, alpacas, vicuñas, vizcachas, chinchillas, and several surprising birds such as the horned coot, the yellow-billed pintail, and the ever-abundant flamingoes.*

Laguna Cejar ◆ *Cejar Lagoon*

Estas llanuras de sal son uno de los lugares más inhóspitos de la tierra. Pero aún así, atraen a aves como los flamencos o parinas, que vienen a aparearse a estos salares, porque sus aguas cáusticas rebosan con su alimento favorito. ◆ *These salt plains are among the most desolate areas on earth. Even so, they manage to attract birds such as flamingoes that come to mate in these salt flats, whose caustic waters are brimming with their favorite food.*

Flamenco chileno ◆ *Chilean Flamingo*

Laguna Miscanti ◆ *Miscanti Lagoon*

Las lagunas de Miscanti y Miñiques son un verdadero oasis en medio de la aridez que bordea los 4.200 metros de altura. Aquí, en este rincón de la Reserva Nacional Los Flamencos, encontró tranquilidad para nidificar, la escasa tagua cornuda.
◆ *The Miscanti and Miñiques lagoons provide a true oasis in the midst of aridity at 4,200 meters in altitude. In this corner of Los Flamencos National Reserve, the scarce horned coot finds peace and tranquility for nesting.*

Laguna Lejía ◆ *Lejía Lagoon*

En una depresión complétamente desértica y rodeada de volcanes por todos sus lados, se ubica la laguna Lejía. Al fondo sobresale el volcán Láscar, aun activo y que se eleva por sobre los 5.000 metros. ◆ *Lejía Lagoon is situated in a completely desert-like depression surrounded by volcanoes on all sides. The Láscar Volcano, still active, juts out at its base and rises above 5,000 meters.*

PAGINAS SIGUIENTES: SALAR DE ATACAMA
FOLLOWING PAGES: ATACAMA SALT FLAT

Altiplano ◆ *High Plateau*

En este desierto en el techo del mundo, el aire no tiene el suficiente oxígeno para retener el calor cuando se oculta el sol. Al caer la noche, la temperatura desciende bruscamente.
◆ *This desert in the earth's ceiling does not have enough oxygen in the air to retain heat after sunset. Upon nightfall, the temperature drops abruptly.*

Geiseres del Tatio ◆ *El Tatio Geysers*

En el corazón de los Andes, la actividad volcánica levantó por sobre los cuatro mil metros una meseta desértica que hoy alberga al mayor campo de geiseres del mundo. El vapor sulfuroso de los geiseres del Tatio se eleva en grandes fumarolas, que al amanecer nos brindan un sorprendente espectáculo. ◆ *In the heart of the Andes, volcanic activity has lifted a desert plateau up four thousand meters, which today harbors the greatest geyser field in the world. Sulfurous steam from the Tatio geysers rise in enormous fumaroles, putting on an amazing show at daybreak.*

Volcán Putana ◆ *Putana Volcano*

Entre lomajes cubiertos de coirones que son regados por las lluvias de verano, sobresalen cumbres nevadas de más de seis mil metros de altura. Es el ambiente ideal para la vizcacha, un roedor del tamaño de una liebre, de cola larga y peluda, que está perfectamente adaptado a la vida en la altura. ◆ *Snowy peaks over six thousand meters high jut out between coiron-covered hillocks irrigated by summer rains. This is the ideal environment for the vizcacha, a furry rodent about the size of a hare, with a long tail, perfectly adapted to life at elevations.*

Vizcacha ◆ *Vizcacha*

Portada de Antofagasta ◆ *Portada de Antofagasta*

La Portada de Antofagasta es un gigantesco arco rocoso, característico de ésta ciudad, que ha sido esculpido por el agua. Desde este sector, de paredes acantiladas y en constante desmembramiento y erosión, se ve a lo lejos la ciudad de Antofagasta. ◆ *The Portada de Antofagasta is a giant, water-sculpted rocky arch that characterizes this city. From this area with its steep cliffs in constant disintegration and erosion, the city of Antofagasta can be seen at a distance.*

Piedra granito orbicular, Caldera ◆ *Orbicular granite rock, Caldera*

Parque Nacional Pan de Azúcar ◆ *Pan de Azúcar National Park*

El Parque Nacional Pan de Azúcar, situado en la zona costera del desierto de Atacama, posee hermosas playas y caletas. En sus farellones costeros, producto del fenómeno de la camanchaca, existe un tipo de vegetación muy especializada, compuesta principalmente por cactáceas. ◆ *Pan de Azúcar National Park, situated in the coastal zone of the Atacama Desert, has beautiful beaches and coves. On the coastal bluffs, thanks to the "camanchaca" phenomenon, which is a thick low-lying fog, a very specialized type of vegetation exists, made up primarily of cacti.*

El pequén es un rapaz diurno de muy fácil avistamiento en algunos sectores del parque. Habitualmente se le observa parado en el suelo, junto a su nido, o sobre algún poste bajo. ◆ *The burrowing owl is a bird of prey that can easily be sighted during the day in some areas of the park. It is habitually spotted standing on the ground next to its nest or on a low post.*

Pequén ◆ *Burrowing Owl*

Patas de guanaco ◆ *Patas de guanaco*

Añañuca amarilla ◆ *Añañuca amarilla*

Oreja de zorro ◆ *Chilean Dutchman`s Pipe*

Nolanas ◆ *Nolana*

Desierto florido camino a Copiapó ◆ *Flowering desert on the road to Copiapó*

Las ocasionales lluvias entre las ciudades de Vallenar y Copiapó vitalizan el estéril suelo semidesértico y lo cubren con una verdadera alfombra de flores. Es el conocido fenómeno del desierto florido del que podemos maravillarnos cada cinco años aproximadamente. ◆ *Occasional rainfall between the cities of Vallenar and Copiapó vitalizes the barren semi-desert soil, covering it with a genuine carpet of flowers. This is the well-known phenomenon of the flowering desert that we have the privilege to witness once every five years or so.*

PAGINAS SIGUIENTES: SALAR DE MARICUNGA
FOLLOWING PAGES: MARICUNGA SALT FLAT

Cordillera de Domeyko, Copiapó ◆ *Domeyko mountain range, Copiapó*

La cordillera de Los Andes impide el paso de los vientos húmedos y parte de un territorio casi no recibe lluvias. Aquí está el desierto más seco del mundo: el Atacama. Pueden pasar años sin que llueva en esta zona. ◆ *The Andes Mountains obstruct the passage of humid winds, and part of this territory hardly ever sees rainfall. This is the driest desert in the world, the Atacama Desert, where years can go by without rainfall.*

Camino a Puerto Viejo ◆ *Road to Puerto Viejo*

Muy cerca de la desembocadura del río Copiapó, camino a Puerto Viejo, nos encontramos con grandes planicies litorales y un accidentado relieve. Es una extensa zona de bellas playas de agua color turquesa. ◆ *Very close to the mouth of the Copiapó River, en route to Puerto Viejo, we come across large coastal plains and uneven topographical relief. This is an extensive zone with beautiful beaches and turquoise waters..*

Las playas de Caleta Chañaral, de finas arenas blancas, invitan a recorrer este litoral de abundante vida marina y gran cantidad de aves. Desde hace ya algún tiempo, se instaló cerca de la costa una numerosa colonia de delfines nariz de botella que atrae a muchos visitantes. ◆ *The beaches of Caleta Chañaral with their fine white sand invite travelers to traverse this coast with its bountiful marine life and plentiful birds. For some time now, bottle-nosed dolphins have established a large colony here that attracts many visitors.*

El piquero es un ave muy abundante en el litoral de la región. ◆ *The booby is a very common coastal bird in this region.*

Piqueros ◆ *Peruvian Booby*

Caleta Chañaral ◆ *Caleta Chañaral*

Punta Choros ◆ *Punta Choros*

El desierto es una angosta faja entre las montañas y el océano
Pacífico. La humedad proveniente del mar, que se condensa
en las espinas de los cactus, es casi la única fuente de agua
en el desierto. ◆ *The desert is a narrow strip between the
mountains and the Pacific Ocean. About the only source of
water in the desert is humidity from the sea that condenses
on cactus thorns.*

Parque Nacional Pan de Azúcar ◆ *Pan de Azúcar National Park*

Playa Agua Dulce ◆ *Agua Dulce beach*

Parque Nacional Fray Jorge ◆ *Fray Jorge National Park*

El Parque Nacional Fray Jorge es un fenómeno digno de destacar, ya que en un paraje semidesértico crecen canelos y olivillos, propios de un bosque tipo valdiviano. Esto se logra gracias a la condensación de la neblina costera, ya que las lluvias son escasas. ◆ *Fray Jorge National Park is a phenomenon worthy of mention. Canelos and olivillos, typical of Valdivian type forests, grow in a semi-desert area. This is possible due to the condensation of coastal fog, as rainfall is scarce.*

Cerro La Campana ◆ *Mt. La Campana*

En este parque, de abudante bosque esclerófilo, destaca la palma chilena *(Jubaea chilensis)*, que cubre los faldeos del cerro La Campana, y es la más austral de las palmeras conocidas. El sector de Ocoa, de muy fácil acceso por la ruta 5 norte, es muy recomendable para ir de caminata, sobre todo en primavera donde abundan las flores. ◆ *In this park, with its abundant sclerophyllous forest, the Chilean wine palm (Jubaea chilensis) covers the slopes of Campana Hill. Of all palm trees identified, this is the farthest south they have be found. The Ocoa sector, easily accessible from route 5 north, is highly recommendable for hiking, especially in spring when flowers abound.*

Cerro Morado ◆ *Mt. Morado*

Cajón del Maipo ◆ *Cajón del Maipo*

En la escala geológica del tiempo, la cordillera de Los Andes todavía es joven. El surgimiento de esta colosal cadena montañosa no sólo cambió el clima de Sud América, sino que alteró radicalmente el curso de sus mayores ríos. En Los Andes se encuentran los mayores volcanes activos del mundo. ◆ *On a geological timetable, the Andes Mountains are still young. The appearance of this colossal mountain range not only changed the climate of South America, but also dramatically altered the course of its major rivers. The largest active volcanoes in the world are found in the Andes.*

Laguna del Inca ◆ *Inca Lagoon*

Portillo, el afamado centro invernal, se ubica sobre los tres mil metros de altura, en medio de la cordillera de Los Andes centrales. Allí, rodeada de altas y dramáticas cumbres, descansa la legendaria laguna del Inca. ◆ *Portillo, the famed winter ski resort, is located at an altitude above three thousand meters in the middle of the central Andes. Here, amidst tall and dramatic peaks, the legendary Inca Lagoon rests.*

Cordillera de Los Andes centrales ◆ *Central Andes mountain range*

Impulsada por los movimientos en lo profundo de la corteza terrestre, surgió una formidable cadena montañosa que recorre el continente en todo su largo. Los Andes es la espina dorsal de Sud América, con más de 8.000 kilómetros desde el trópico hasta cerca de la Antártida. ◆ *Driven by movements at the depths of the earth's crust, a tremendous mountain chain emerged that spans the length of the continent. The Andes is the spine of South America, with over 8,000 kilometers extending from the equator to just outside Antarctica.*

Moai, Isla de Pascua ◆ *Moai, Easter Island*

Esta espectacular isla, de forma caprichosa, rodeada de acantilados y cráteres, debe ser uno de los lugares más apartados de la tierra. Pocas son las pistas sobre la historia lejana de este pueblo oceánico, enclavado en el medio del Pacífico. ◆ *This spectacular island, stubbornly surrounded by cliffs and craters, must be one of the most remote areas on earth. There are few clues as to the distant history of this ocean community embedded in the middle of the Pacific Ocean.*

A LA IZQUIERDA: VOLCAN RANO KAU, ISLA DE PASCUA
LEFT: RANO KAU VOLCANO, EASTER ISLAND

A unos 600 kilómetros de la costa de Chile y bañado por las aguas del Pacífico, se encuentra el archipiélago de Juan Fernandez. Nació de grandes volcanes que se levantaron violentamente desde el fondo del océano. La mayor del conjunto es la isla Robinson Crusoe, cuya singular flora despierta gran interés botánico en el mundo entero. ◆ *The Juan Fernandez Archipelago is located 600 kilometers off the coast of Chile, bathed by the waters of the Pacific Ocean. It emerged out of the massive volcanoes that rose violently from the ocean floor. The largest of this group is Robinson Crusoe Island, whose unique flora arouses significant botanical interest around the world.*

El lobo fino o de dos pelos -exclusivo de la isla-, encontró aquí un lugar seguro de reproducción. ◆ *The Juan Fernandez fur seal – exclusive to the island – has found a safe place to reproduce here.*

Lobo fino o de dos pelos ◆ *Juan Fernández Fur Seal*

Playa el Arenal, isla Robinson Crusoe ◆ *El Arenal Beach, Robinson Crusoe island*

Volcán Rano Raraku ◆ *Rano Raraku volcano*

El cráter del volcán Rano Raraku funcionó como cantera, donde se talló casi la totalidad de los moai de la isla. Hoy en día, en una breve caminata por el suelo volcánico, se puede apreciar más de 300 moai que quedaron en proceso de construcción. Los vestigios prehistóricos de sus habitantes aún no han desvelado sus secretos. ◆ *The Rano Raraku volcano crater served as a stone quarry, where almost all the Moais on the island were carved. Today, on a short walk over volcanic ground, over 300 Moais in different stages of construction can be appreciated. Prehistoric vestiges of its inhabitants have not yet unveiled their secrets.*

Ahu Tongariki ◆ *Ahu Tongariki*

Isla de Pascua es un excelente destino turístico para sorprenderse con sus misterios arqueológicos, visitar volcanes extintos o simplemente sumergirse en sus cristalinas aguas. Su agradable clima subtropical la hacen visitable durante todo el año. ◆ *Isla de Pascua is an excellent tourist destination for visitors to marvel at its archaeological mysteries, visit extinct volcanoes, or simply submerge themselves in its crystalline waters. Its pleasant subtropical climate makes it hospitable for visitors year-round.*

Playa Ovahe, Isla de Pascua ◆ *Ovahe beach, Easter Island*

Río Baúl ◆ *Baúl river*

El río Los Cipreses es un afluente del Cachapoal. Sobre los 2.000 metros de altitud, el valle se cierra y los cipreses de la cordillera ceden su lugar a numerosas vegas, generando así el hábitat ideal para una tímida familia de guanacos que ha proliferado gracias a la acción protectora de la Corporación Nacional Forestal (Conaf). ◆ *The Los Cipreses River is a tributary of the Cachapoal River. At an altitude above 2,000 meters, the valley closes in and the mountain cypresses give way to numerous vegas, or fertile terrain, providing the ideal habitat for a timid family of guanacos that have proliferated thanks to protective measures implemented by the National Forestry Commission (CONAF).*

Agua de la Vida, Reserva Nacional Río de los Cipreses ◆ *Agua de la Vida, Río de los Cipreses National Reserve*

Reserva Nacional Altos de Lircay ◆ *Altos de Lircay National Reserve*

Este parque, cercano a la ciudad de Talca, tiene variados senderos que pueden recorrerse a pie y sitios para acampar. Sus cumbres más altas no superan los 2.300 m. de altura, lo que las hacen muy accesibles durante todo el año. ◆ *This park, close to the city of Talca, has many footpaths and camping sites. Its highest peaks do not exceed 2,300 m in altitude, which makes it accessible year-round.*

Volcán Descabezado ◆ *Descabezado volcano*

La cordillera de Los Andes establece factores determinantes
en la benignidad del clima chileno. Es ella la que provee de
agua a los cultivos y los bosques. Además, actúa como una
barrera infranqueable que mantiene al país aislado, lo que
se traduce en un beneficio para la agricultura. ◆ *The Andes
mountain range establishes determinant factors in the
benignity of the Chilean climate. It provides water for plants
and forests and acts as an impassable barrier that keeps the
country isolated, which translates into a benefit for agriculture.*

Las Siete Tazas ◆ *Las Siete Tazas (Seven Cups)*

A setenta kilómetros al interior de Molina, siete pozas, tras siete caídas de agua sucesivas, conforman un espectáculo geográfico de reconocida belleza. Entre el bosque virgen irrumpen las cristalinas aguas del río Claro, que con el correr de los años ha ido socavando la roca volcánica. ◆ *Seventy kilometers into the interior of Molina, seven pools behind seven successive waterfalls make up a geographic spectacle of renowned beauty. The crystalline waters of the Claro River break through the virgin forest, undercutting volcanic rock with many years of flow.*

Reserva Nacional Radal Siete Tazas ◆ *Radal Siete Tazas, National Reserve*

Bosque de robles, San Fabián de Alico ◆ *Oak trees, San Fabián de Alico*

El roble *(Nothofagus obliqua)* es uno de los árboles más comunes de la región del Biobío, en la cordillera de Los Andes. A la llegada de los conquistadores españoles, estos bosques autóctonos cubrían vastas extensiones, que lentamente fueron siendo talados y relegados a cajones cordilleranos de difícil acceso. ◆ *The oak tree (Nothofagus obliqua) is one of the most common trees in the Biobío region of the Andes mountain range. Before the arrival of the Spanish conquistadores, these autochthonous forests covered vast expanses, but were gradually cut down and relegated to hard-to-reach mountain ravines.*

Río Bullileo ◆ *Bullileo river*

Cerca de San Fabián de Alico, adentrándonos en la cordillera de Los Andes, de pronto nos encontramos remontando el estero Bullileo. Entre denso bosque autóctono, hay una huella que sólo permite el paso a pie o a caballo y por la cual se accede a la poco conocida laguna La Plata. ◆ *Close to San Fabián de Alico, entering the Andes mountain range, we soon find ourselves following the course of the Bullileo stream. In the midst of dense autochthonous forest, the trail only allows passage on foot or horseback and leads to the little-known La Plata lagoon.*

Salto el León ◆ *El León falls*

La vida vegetal es un milagro que no sería posible sin la presencia del agua. Elemento vital que baja de la cordillera llenando de vida todo lo que toca. ◆ *Plant life is a miracle that would not be possible without the presence of water, a vital element that that flows from the mountains, filling everything it touches with life.*

PAGINAS SIGUIENTES: ALTOS DE LIRCAY
FOLLOWING PAGES: ALTOS DE LIRCAY

Digüeñe ◆ *Digüeñe*

Alstroemeria ◆ *Alstroemeria*

Copihue ◆ *Copihue*

Musgo ◆ *Moss*

Cormorán imperial ◆ *Blue-eyed (Imperial) Shag*

Pelícano ◆ *Chilean Brown Pelican*

Lobo de mar ◆ *Sea Lion*

Pingüino de Humboldt ◆ *Humboldt Penguin*

El océano Pacífico, que baña las costas de todo Chile, es uno de los más fértiles del mundo. Corrientes ascendentes de agua fría, ricas en nutrientes (corriente de Humboldt), alimentan a vastos bancos de peces, que a su vez, son la comida de aves y mamíferos marinos. ◆ *The Pacific Ocean that bathes the entire Chilean coastline is one of the most fertile oceans in the world. Upward currents of nutrient-rich cold water (Humboldt Current) feed well-stocked schools of fish, which in turn become food for marine birds and mammals.*

Tregualemu ◆ *Tregualemu*

Hacia el sur del río Maipo las playas son negras, ya que la sedimentación arrastrada por las aguas es de origen volcánico. Las playas de Bucalemu, Constitución y Tregualemu, son un claro ejemplo de ello. ◆ *South of the Maipo River, the beaches are black, revealing the volcanic origin of the sedimentation pulled along by the current. The Bucalemu, Constitución, and Tregualemu beaches are a clear example of this.*

Lago Icalma ◆ *Lake Icalma*

A los pies del volcán Llaima, la laguna Captrén, a punto de congelarse, es señal inequívoca de que el invierno llegó a este valle de alta cordillera. Sólo las plantas y animales adaptados al rigor del invierno sobreviven, como es el caso del monito del monte *(Dromiciops australis)*, que habita en este parque, e hiberna cuando el clima se pone adverso. ◆

At the foot of the Llaima Volcano, the Captrén Lagoon at freezing point is an unequivocal sign that winter has reached this high cordillera valley. Only plants and animals that are adapted to the rigors of the winter survive, as is the case with the marsupial monito del monte (Dromiciops australis) that inhabits this park and hibernates when the climate becomes adverse.

Hojas de Araucaria ◆ *Araucaria leaves*

Flores congeladas ◆ *Frozen flowers*

Rocas congeladas ◆ *Frozen rocks*

Monito del monte ◆ *Monito del monte*

Laguna Captrén, Parque Nacional Conguillío ◆ *Captrén Lagoon, Conguillío National Park*

El Cañi ◆ *El Cañi*

El bosque es un mundo vivo, palpitante, donde todo tiene
que ver con todo. Nada está de más: conviven árboles y
arbustos de todos los tamaños, que cobijan a una valiosa y
atractiva flora y fauna. ◆ *The forest is a living, palpitating
world, where everything is interrelated. Nothing is super-
fluous: trees and shrubs of all sizes cohabitate, providing
shelter for valuable and attractive flora and fauna.*

El Cañi ◆ *El Cañi*

Iniciativas privadas de conservación, como la que realiza la fundación Lahuén, debieran imitarse, ya que la mejor manera de aprender sobre la naturaleza es a través del contacto directo con ella. El Cañi es un fastuoso parque, cercano a Pucón, donde el entorno natural le devolverá el alma al cuerpo. ◆ *Private conservation initiatives, such as Fundación Lahuén, should be copied, as the best way to learn about nature is through direct contact with it. El Cañi is an ostentatious park near Pucón, where the natural environment will return the soul to the body.*

Lago Huinfiuca ◆ *Lake Huinfiuca*

Al interior de Puesco y en el extremo este del Parque Nacional Villarrica, es posible aventurarse a descubrir solitarias lagunas de incomparable belleza, en compañía del pájaro carpintero negro *(Campephilus magellanicus)*. Es un paraje montañoso donde abundan las araucarias *(Araucaria araucana)*, coigües *(Nothofagus dombeyi)* y lengas *(Nothofagus pumilio)*. En el mes de mayo, el otoño invade sus laderas, generando paisajes de fantasía. ◆ *Inside Puesco and in the far east of Villarica National Park, the traveler can venture to discover solitary lagoons of incomparable beauty, in the company of the Magellanic woodpecker (Campephilus magellanicus). This is a mountainous spot where araucarias (Araucaria aruacana), coigues (Nothofagus dombeyi), lengas (Nothofagus pumilio) abound. In the month of May, autumn invades its slopes, generating fantasy-like landscapes.*

Carpintero negro ◆ *Magellanic Woodpecker*

Laguna Verde, Parque Nacional Conguillío ◆ *Verde Lagoon, Conguillío National Park*

El Parque Nacional Conguillío debe ser uno de los parques más concurridos durante el verano. Sus bosques prácticamente vírgenes y sus senderos autoguiados nos transportan al interior de uno de los ecosistemas más bellos de la región de la Araucanía. ◆ *Conguillío National Park must be one of the most well visited parks in summer. Its practically virgin forests and self-guided paths lead us to the interior of one of those most beautiful ecosystems in the Araucanía region.*

Lago Toro, Parque Nacional Huerquehue ◆ *Lake Toro, Huerquehue National Park*

Pocos países presentan tan diversos climas y tan distintos ecosistemas como Chile. Uno de los más bellos exponentes del bosque templado-húmedo es la Araucaria *(Araucaria araucana)*, la que crece en forma natural sobre los mil metros de altura y llega a vivir por más de dos mil años. ◆ *Few countries have such diverse climates and distinct ecosystems as Chile. One of the most beautiful displays of temperate rainforest is the Araucaria (Araucaria araucana), which grows naturally above 1000 meters and lives for more than two thousand years.*

Parque Nacional Vicente Pérez Rosales ◆ *Vicente Pérez Rosales National Park*

En la región de los Lagos, predomina el clima templado lluvioso de abundante humedad, neblinas y lluvias durante todo el año. El promedio de precipitaciones es de aproximadamente 2.000 mm. al año. ◆ *In the Lake District, a rainy temperate climate predominates, with plentiful humidity, fog, and rainfall throughout the year. Average precipitation is approximately 2000 mm per year.*

Callampa enana ◆ *Small toadstool*

Liga ◆ *Mistletoe*

Liquen ◆ *Lichen*

Digüeñe ◆ *Digüeñe*

Parque Nacional Villarrica ◆ *Villarrica National Park*

En la Araucanía, las empinadas pendientes de Los Andes se ven pobladas por especies originarias, que sólo desaparecen alrededor de los 2.500 metros de altura, en la *Timber line*, o nivel superior de la vegetación. Los ejemplares más representativos de la familia de las fagáceas *(Nothofagus),* son el Raulí *(Nothofagus alpina),* el Roble *(Nothofagus obliqua)* y el Coigüe *(Nothofagus dombeyi).* ◆ *In the Araucanía, the steep slopes of the Andes are populated with native species, which only disappear at altitudes above 2,500 meters, at the timberline. The most representative members of the Fagaceae family (Nothofagus) are Raulí (Nothofagus alpina), Oak (Nothofagus obliqua), and Coigue (Nothofagus dombeyi).*

Camino a Lonquimay ◆ *Road to Lonquimay*

Cercana al volcán Lonquimay, la cuesta las Raíces nos deleita con maravillosas vistas al valle del Biobío. Es un camino ripeado que sube entre araucarias *(Araucaria araucana)* y bosque natural y es una bella opción para quienes no atraviezan el túnel las Raíces, otra de las variantes para llegar al pequeño poblado de Lonquimay. ◆ *Near the Lonquimay Volcano, the Cuesta Las Raíces delights us with spectacular views of the Biobío Valley. This gravel road ascends through araucarias (Araucaria araucana) and natural forest and is a beautiful alternative for those who want to avoid the Las Raíces tunnel on the way to the small community of Lonquimay.*

Rodeada de fenomenales paredones de granito, la laguna Triángulo es de relativo fácil acceso, luego de caminar algunas horas al interior del Parque Nacional Alerce Andino. Bosques templado-húmedos, ríos y lagos, conforman un paisaje único, donde la mano de la naturaleza ha sido generosa. ◆ *Surrounded by phenomenal thick granite walls, access to Triángulo Lagoon is somewhat easy, after a few hours hike through Alerce Andino National Park. Temperate rainforests, rivers, and lakes make up a unique landscape where the hand of nature has been generous.*

Caida de agua ◆ *Small Creek*

Laguna Triángulo ◆ *Triángulo Lagoon*

Justo en el acceso al Parque Nacional Vicente Pérez Rosales y a escasos metros de Ensenada, se encuentra la Laguna Verde, que está comunicada con el gran lago Llanquihue. Debe el extraño color de sus aguas a microalgas y partículas en suspensión. ◆ *Verde Lagoon is situated just inside the entrance of Vicente Pérez Rosales National Park, a few meters from Ensenada, and in communication with Llanquihue Lake. It owes the unusual color of its water to microalgae and suspended particles.*

Alstroemeria ◆ *Alstroemeria*

Volcán Lanín ◆ *Lanín Volcano*

La región de la Araucanía se caracteriza por su sello volcánico. Grandes cumbres coronadas por hielos eternos, como el volcán Lanín (3.747 m.), dominan el paisaje, siempre acompañadas de las imponentes araucarias *(araucaria araucana).* ◆ *The Araucanía region is known for its volcanic touch. Major peaks crowned with eternal ice, such as the Lanín volcano (3,747 m), dominate the landscape, always accompanied by the majestic araucarias (Araucaria araucana).*

Catripulli ◆ *Catripulli*

En el valle del Trancura y cercano al turístico Pucón, se
encuentra Catripulli, apacible poblado campesino salpicado
de gigantescos coigües *(Nothofagus dombeyi)*. Los débiles
rayos del sol matinal intentan irrumpir a través de la neblina
baja, tan característica de los amaneceres de la zona. ◆
*Catripullí lies in Trancura Valley, near the touristy Pucón. It
is a peaceful rural town spattered with coigues (Nothofagus
dombeyi). The weak morning rays of sun break through
low fog, so characteristic of dawn in the area.*

Saltos del Petrohué ◆ *Petrohué falls*

Los saltos del Petrohué representan una visita obligada para aquellos viajeros que se dirigen al lago Todos los Santos. El torrentoso río Petrohué se abre paso entre curiosas formaciones de lava, que fueron depositadas hace años por la erupción del volcán Osorno. ◆ *The Petrohué falls are a required stop for travelers on the way to Todos los Santos Lake. The swift Petrohué River makes its way through curious lava formations, deposited years ago with the eruption of the Osorno volcano.*

Chilco ◆ *Wild fuchsia*

Cochamó ◆ *Cochamó*

El bosque funciona en armonía, en una relación interdependiente entre sus componentes, formando un ecosistema rico en diversidad genética. A diferencia de otros países, aquí se le llama selva fría entre el río Bío bío y Chiloé, y corresponde al bosque templado-húmedo. ◆ *The forest operates in harmony, in an interdependent relationship between its components, forming an ecosystem rich in genetic diversity. Unlike other countries, the area here between the Bío bío River and Chiloé is called cold jungle, which is temperate rainforest.*

Alerce, valle del río Puelo Chico ◆ *Alerce, Puelo Chico river valley*

Río Manso ◆ *Manso river*

El río Manso, que nace en el sector de El Bolsón, en Argentina, comienza a aumentar su caudal al internarse en territorio chileno, en pleno corazón de la cordillera de Los Andes. Es un río de cristalinas aguas que se abre paso a través de encajonados valles, formando vertiginosos rápidos hasta calmarse en el río Puelo. ◆ *The Manso River, rising in the El Bolsón sector in Argentina, starts to increase its flow upon penetrating Chilean territory in the heart of the Andes mountain range. This river with its crystalline waters winds through narrow valleys, forming swift rapids until it calms down at Puelo River.*

Cochamó ◆ *Cochamó*

El valle de Cochamó es el clásico ejemplo de un valle labrado por glaciares y hoy en día cubierto de selva. Gracias a que no existe camino para vehículos y sólo se accede por una huella para animales, el valle se mantiene intacto y alberga una importante población de alerces. Sus imponentes paredes de granito son cotizadas por los grandes escaladores.
◆ *Cochamó Valley is the classic example of a valley formed by glaciers and today covered by forest. The area is closed to vehicles and accessible only by an animal trail, and consequently the valley remains intact, sheltering an important number of alerces. Its imposing granite walls are in high demand by notable rock climbers.*

El milenario alerce *(Fitzroya cupressoides)*, es una conífera de crecimiento muy lento que se distribuye por sobre los 600 m. de altitud, entre las provincias de Valdivia y Chiloé. Esta especie fue declarada Monumento Natural y está prohibida su tala. Puede alcanzar edades de hasta 4.000 años, lo que lo convierte en uno de los árboles más longevos del mundo. ◆ *The millenarian Alerce (Fitzroya cupressoides) is a very slow-growing conifer with a distribution over altitudes of 600 m. between the Valdivia and Chiloé provinces. This species was declared a Natural Monument and its felling is prohibited. It can live for up to 4,000 years, which makes it one of the longest-living trees in the world.*

Tronco con epífitas ◆ *Tree trunk with epiphytes*

Alerces, Parque Nacional Alerce Andino ◆ *Alerce tree, Alerce Andino National Park*

Fiordo Quintupeu   ◆   *Quintupeu fjord*

Termas de Cahuelmó ◆ *Cahuelmó hot springs*

Al sur de Puerto Montt, Chile se convierte en un desbarajuste
de islotes, canales y fiordos que al amparo de una cordillera
de Los Andes más baja, conforman una *geografía extrema*,
salpicada de paredones de granito, ríos puros y torrentosos
e infinidad de aguas termales al borde del mar. ◆ *South of
Puerto Montt, Chile becomes a confusion of islets, channels,
and fjords. Under the shelter of a lower section of the Andes,
this forms an* extreme geography, *spattered with thick granite
walls, swift, unadulterated rivers, and infinite hot springs on
the edge of the sea.*

El río al que los indígenas con mucha razón habían denominado "río grande" o "aguas enormes", Futaleufú, nace en Argentina y atraviesa uno de los más hermosos valles transversales chilenos. La gente sencilla y amable que lo habita y las cristalinas aguas que se alternan con vertiginosos rápidos, atraen a kayakistas de todo el mundo. ◆ *Futaleufú, the river rightfully named "big river" or "enormous waters" by the indigenous population, originates in Argentina and crosses one of the most beautiful transversal valleys in Chile. The simple, friendly inhabitants and the crystalline waters alternating with swift rapids attract kayakers from around the globe.*

Canelo ◆ *Winter's Bark*

Margaritas ◆ *Daisies*

Hongos ◆ *Toadstools*

Estrellita del bosque ◆ *Estrellita del bosque*

Río Futaleufú ◆ *Futaleufú river*

Río Ventisquero ◆ *Ventisquero river*

Producto del deshielo del glaciar colgante Queulat, nace
una laguna y luego el río Ventisquero, con su característico
color lechoso. Si seguimos hacia el sur y luego de bajar el
lado norte de la cuesta Queulat, el valle se angosta y aparece
torrentoso el río Cisnes, junto a enormes farellones rocosos
llamados Piedra del Gato. ◆ *Snowmelt from the Queulat
hanging glacier gives rise to a lagoon, which is followed by
the Ventisquero River, with its characteristic milky color. If
we follow south and descend the north side of Cuesta
Queulat, the valley narrows, and the Cisnes River appears
torrential alongside the enormous rocky Piedra del Gato cliffs.*

Río Cisnes ◆ *Cisnes river*

Glaciar San Rafael ◆ *San Rafael Glacier*

El constante y estruendoso desprendimiento de enormes
bloques de hielo, hacen de la visita a la laguna San Rafael
un espectáculo inolvidable. El ventisquero San Rafael, que
pertenece al campo de hielo norte, conforma la masa de
hielo más próxima al Ecuador a nivel del mar. ◆ *The
constant and deafening roar of enormous blocks of ice
breaking off make the visit to San Rafael Lagoon an
unforgettable spectacle. The San Rafael glacier in the northern
ice field is the closest ice mass to the equator at sea level.*

Glaciar Pío XI ◆ *Pío XI Glacier*

El glaciar Pío XI es una gigantesca lengua helada que se descuelga del campo de hielo sur y, a diferencia de casi todos los otros, éste es de los pocos ventisqueros que avanza. Tiene una altura promedio de 70 m. y un frontis de casi cinco kilómetros. El campo de hielo patagónico forma parte del cuerpo de hielo más grande, fuera de las regiones polares.
◆ *The Pío XI glacier is a gigantic frozen tongue that descends from the southern ice field and unlike almost all the rest, is one of the few glaciers that moves. It has an average height of 70 m. and a façade of almost five kilometers. The Patagonian ice field forms part of the largest ice mass outside polar regions.*

PAGINAS SIGUIENTES: PARQUE NACIONAL QUEULAT
FOLLOWING PAGES: QUEULAT NATIONAL PARK

Lago General Carrera ◆ *Lake General Carrera*

El lago General Carrera es el más extenso de Chile y es compartido con nuestros vecinos argentinos, cuya parte se llama lago Buenos Aires. De un azul profundo, sus aguas llegan al Pacífico por el río Baker, considerado como el más salvaje y torrentoso de Chile. Vale la pena conocer las Catedrales de Mármol que han sido esculpidas por el oleaje.
◆ *General Carrera Lake is the largest in Chile and is shared with our Argentine neighbors, whose respective part of the lake is called Buenos Aires Lake. Deep blue in color, its waters reach the Pacific Ocean in the Baker River, considered the most wild and torrential river in Chile. The Catedrales de Mármol sculpted by the surf are worth a visit.*

Catedrales de mármol ◆ *Catedrales de mármol*

Río Ibáñez ◆ *Ibáñez river*

Al observar la hoya hidrográfica del río Ibáñez, que corre de oeste a este, es fácil apreciar arbustos cubiertos de ceniza y las riveras llenas de sedimentos. Son algunas de las secuelas visibles que dejó la gran erupción del volcán Hudson el año 1991. ◆ *It is easy to spot the ash-covered shrubs and streams full of sediment in the hydrographic basin of the Ibáñez River, which runs from west to east. This is part of the visible aftermath left by the major eruption of the Hudson volcano in 1991.*

Guanaco ◆ *Guanaco*

Traro o Carancho ◆ *Crested Caracara*

Quirquincho ◆ *Armadillo*

Zorro Chilla ◆ *Grey Zorro*

La vida es dura en este remoto rincón de la tierra. Sólo sobrevivirán aquellos que puedan soportar el frío y el fuerte viento que domina la Patagonia. ◆ *Life is tough in this remote corner of the earth. Only those who can endure the cold and strong winds that dominate the Patagonia will survive here.*

Puerto Natales ◆ *Puerto Natales*

Al borde del canal Señoret y dominando los Andes Patagónicos, se ubica Puerto Natales, considerado la puerta de entrada al Parque Nacional Torres del Paine. En el horizonte se divisa el macizo del Paine, que invita a conocer este maravilloso parque creado en 1959 y declarado Reserva de la Biósfera por la Unesco en 1978. ◆ *On the edge of the Señoret Channel, dominated by the Patagonian Andes, we find Puerto Natales, the entranceway to Torres del Paine National Park. The Paine massif can be made out on the horizon, inviting guests to explore this wonderful park created in 1959 and declared a Biosphere Reserve by UNESCO in 1978.*

El cormorán imperial se encuentra en aguas marinas costeras de toda la región. ◆ *The imperial shag is found in coastal marine waters throughout the region.*

Cormorán imperial ◆ *Imperial Shag*

Glaciar Grey ◆ *Grey Glacier*

Mares de hielo que bajan de las alturas cordilleranas son una de las principales atracciones del Parque Nacional Torres del Paine. El glaciar Grey, que retrocede año tras año, es uno de los últimos ventisqueros que se descuelga del campo de hielo sur, antes de dar paso a la estepa patagónica. ◆ *Seas of ice from mountain heights are one of the main tourist attractions of Torres del Paine National Park. Grey Glacier, which recedes every year, is one of the last glaciers descending from the southern ice field before giving way to the Patagonian steppe.*

Torres del Paine ◆ *Torres del Paine*

Espigadas moles rocosas dan nombre al quizás más bello parque nacional chileno. Hielos que se baten en retirada, violentos vientos que soplan desde el Pacífico y un clima inestable que castiga incesantemente al parque Torres del Paine, han configurado un ecosistema excepcional, de naturaleza virgen y salvaje. ◆ *Spiky rock massifs give the name to perhaps the most beautiful national park in Chile. Ice that beats a retreat, violent winds that blow from the Pacific Ocean, and an unstable climate that incessantly chastises Torres del Paine Park have formed an exceptional ecosystem of untamed, virgin nature.*

Macizo del Paine ◆ *Paine Massif*

Cordillera Darwin ◆ *Darwin mountain range*

Los majestuosos glaciares de la cordillera Darwin descienden bordeando el exhuberante bosque magallánico, que forma un abrupto contraste con el blanco-azul de los colosales ceracs del glaciar. Es difícil expresar el encanto misterioso que emana de esta región dura y solitaria. ◆ *The majestic glaciers of the Darwin mountain range descend, skirting the exuberant Magellanic forest, which forms an abrupt contrast with the white-blue color of the colossal glacier ceracs. It is hard to express the mysterious enchantment that emanates from this hard and solitary region.*

Monte Sarmiento ◆ *Mt. Sarmiento*

Al sur del estrecho de Magallanes, aislado y circundado en tres de sus lados por los canales fueguinos, con 2.400 m. se alza un enorme pico helado: el Sarmiento. Aquí en la Patagonia las montañas pueden no ser tan altas como las gigantes del norte, pero están más cerca de la Antártida. ◆ *South of the Straight of Magellan, isolated and surrounded on three sides by Tierra del Fuego channels, a giant frozen peak towers at 2,400 m: Sarmiento. Here in Patagonia, the mountains may not be as tall as those in the north, but they are closer to Antarctica.*

Bosque patagónico ◆ *Patagonian forest*

El archipiélago de Tierra del Fuego es un laberinto de canales, glaciares, montañas y árboles, en los que están latentes las maravillas del misterio. El enmarañado bosque magallánico y el verde intenso de su follage, tiene entre sus principales exponentes a la lenga y el coigüe. ◆ *The Tierra del Fuego Archipelago is a labyrinth of channels, glaciers, mountains, and trees where the marvels of mystery lie dormant. The entangled Magellanic forest and its intense green foliage boast lengas and coigües as its predominant species.*